JN236482

for your elegant interior

Interior Sense up Salon

インテリア センスアップ サロン

細見貴子著

Introduction

はじめに

　この度、私の4冊目の著書である"インテリアセンスアップサロン"を出版できることとなり、心より嬉しく思っております。

　今回の本は、これまでの3冊とは少し趣きを変え、私が自宅にて主宰しておりますインテリアのお教室"インテリアセンスアップサロン"の内容を一冊の本にまとめたものです。

　撮影は、私とプリンセスハウスのデザイナーが手掛けたお客様のお宅、モデルハウス、そして私の自宅にて行いました。

　青山にショップ兼インテリアデザインオフィスをオープンして11年。シンプルモダンなデザインが現在の主流ですが、私はクラシックでエレガントなインテリアのみを提案し続けてまいりました。

　もちろん、今流行の新しいモダンデザインのレストランに行ったり、仕事柄リサーチを兼ねて、話題になっているホテルに泊まることもあります。ただ、あくまでも私が好きな住むためのインテリアは、やはりこの本に出てくるようなエレガントなスタイルなのです。

　豊かな物があふれる今日だからこそ、本当に好きなもの以外は身のまわりに置かない、という潔さも必要なのではないでしょうか。"インテリアのセンスと子供の躾が、その家庭のすべてを表す"と欧米で言われているように、インテリアは、何よりもそこに住む人そのものを物語るのではないかと思います。

　この本を通して、皆様が本当に好きなインテリアと出会っていただければ、こんなに嬉しいことはありません。大好きなインテリアに囲まれて暮らす幸せと感動を、ぜひ皆様と共有できれば幸いです。

細見貴子

Contents

Introduction／はじめに　2

I Imagination　6
1. 目指すスタイルを決めましょう　6
2. My Interior Bookをつくりましょう　12
3. よりセンスを磨くために　13

II Color Coordinate　14
1. メインカラーとアクセントカラーとは　14
2. メインカラーがなかなか決められない時　16
3. 色の効果　16
4. アクセントカラーの使い方　20

III Focalpoint　22
1. フォーカルポイントとは　23
2. フォーカルポイントに最適な壁面とは　23
3. フォーカルポイントのデコレーション方法　25
4. いろいろなフォーカルポイント　28

IV Molding & Ceiling Medallion　30
1. モールディング　30
2. シーリングメダリオン　32
3. その他のデコレーションパーツ　33
4. モールディングの選び方　34
5. シーリングメダリオンの選び方　35

V Lighting　36
1. 照明のパターンを考える　36
2. 照明を効果的に使いましょう　38

VI Fabrics 42
1. カーテンで空間をグレードアップ 43
2. キャノピー 47
3. 小窓のデコレーション 48
4. エレガントなタッセルコレクション 49
5. ファブリックスを使ったオリジナルアイテム 50

VII Furniture 51
1. ソファ&センターテーブル 51
2. ダイニングテーブル 52
3. デスクまわり 54
4. 壁面収納 56
5. ベッドヘッド 57
6. テレフォンスタンド 57

VIII Corner Decoration 58
1. 玄関ホール 59
2. サイドテーブル&スタンド 60
3. 壁面ニッチ 61
4. ドレッシングテーブル 62
5. ピアノの上のデコレーション 63
6. パウダールーム 64
7. トイレ 66
8. バルコニー 67

IX Parts & Accessaries 68

Essay／私のお気に入りの場所 72
細見貴子のインテリアセンスアップサロン 76
プロフィール／おわりに 78

Laxuary

茶色の家具やフローリングがやや重厚で
落ち着いた雰囲気を醸し出しています。
オフホワイトのバランス付きカーテンと
椅子に張ったダマスク柄のファブリックが
ラグジュアリーなインテリアを演出。

I Imagination

1. 目指すスタイルを決めましょう

インテリアをコーディネートする際に一番大切なのが、自分の目指すスタイルを決めることです。なぜならば、それが明確にならないうちにインテリアを変えようとすると、イメージに合わないものを、衝動買いしてしまったり、ひとつだけでは良く見えたとしても、他とのバランスが悪かったりという失敗の可能性が高いからです。
クラッシックスタイルのインテリアひとつにしても、茶色を基調とした重厚なものからオフホワイトを基調にしたエレガントな雰囲気のもの、また花柄やピンクを使った可愛らしい印象のものまで色々とあります。
また、"ヨーロピアンスタイル"という言葉を使うにしても、イギリスの伝統的なスタイルと、
ルイ15世やルイ16世に代表されるフランスのスタイルとでは、全く違うイメージのインテリアになるのです。
まずはご自分のテイスト(趣味)をはっきりさせて、目指すインテリアのスタイルを決めることから始めましょう。

Elegant

淡いベージュの家具と優しい
パステルカラーのファブリックス、
そして白いマントルピースで
エレガントなイメージの栗原邸のリビング。
クリスタルシャンデリアが、
より華やかさを添えています。

Romantic

まさに"夢のような"という表現がぴったりの
佐藤邸のピンクのベッドルームは、
花柄のファブリックスをたっぷりと
使ったキャノピーが主役。
シンプルなロールスクリーンにも、バランスと
レースのトリムを付けて可憐なイメージに。

English Style

イギリスの伝統的な
バラモティーフづかいのプリントで
コーディネートされた栗原邸のベッドルーム。
ミントグリーンの壁とベットスカートが、
大人の上品な甘さを演出。

French Style

モールディングとシーリングメダリオンは、洗練されたパリテイストの空間をつくる大切なポイント。家具はルイ15世と16世スタイルをミックスさせて、伝統的なフランスの邸宅を再現してみました。テレビや雑誌に何度も取材された、小川邸のリビングです。

Resort

ハワイのコンドミニアムをイメージした、
リゾートホテル風リビングと、
ベッドルーム。
コンパクトなマンションには、
ぴったりの演出方法です。

Oriental
"香港マダム"の
コンセプトでデザインした、
超高層マンションの一室は、
オリエンタルテイスト(東洋趣味)を
意識しました。

2. My Interior Bookをつくりましょう

まだご自分の目指すスタイルが見つからない、という方にぜひお勧めしたいのが、
自分のインテリアブックをつくることです。つくり方はとても簡単。
クリアファイルを一冊用意し、"好き"と感じたインテリアの切抜きを、
どんどんファイリングしてみましょう。ポイントは、あまり深く考えずに感覚で選ぶこと。
1、2点の写真では分からなかった自分自身のテイスト(趣味)が、
ブックが一杯になる頃にはきっと発見できます。
好きな色や細かいディテール等、言葉ではなかなか伝えにくいことも一目瞭然ですから、
新築やリフォーム時に、インテリアデザイナーやコーディネーターとの相談にも役に立つはずです。

3. よりセンスを磨くために

なんと言っても大切なのは、日頃から美しい空間に触れることです。
海外や国内の美しいホテルや、素晴らしいインテリアのレストランに出かけることもお勧めですが、
現実的には頻度は限られます。そこで手軽で、参考にしたいのが美しいインテリア書籍です。
洋書、和書にかかわらず、毎日眺めていて幸せな気持ちになれるような本こそが、
自分自身の求めているインテリアスタイルなのです。
ポストイット等の付せんを活用し、好きなページを探すことから始めましょう。
もちろんお勧めは細見貴子の4冊の実例作品集。
素敵な顧客の方々のインテリアをぜひ参考になさってみてください。

Ⅱ Color Coordinate

1. メインカラーとアクセントカラーとは

メインカラーとは、その部屋の基調となる色です。面積的にもかなりのボリュームになりますので、
ほとんどこの色によってインテリアのイメージが決まります。選び方で大切なのは、まず好きな色であること。
パブリックスペースと違い一般住宅は、住む人の趣味が表現されている方が、
個性豊かなインテリアになると思います。例えば、ピンクが大好きな方は、
壁を淡いピンクの壁紙に、また、グリーンが好きな方はグリーンのカーペットを敷いたりしても素敵です。
アクセントカラーとは差し色のことです。つまり、その色をプラスすることで、メインカラーを引き立たせる
効果があります。インテリア上級者の方は、ぜひ、このアクセントカラーの効かせ方をマスターしてみましょう。

Beigu + Blue

ベージュをメインカラーにブルーをアクセントに使ったリビング。
ラグ、ウイングチェア、そしてクッション3個にブルーを使うことで
全体的にブルーのボリュームを出しています。
この実例は右ページの寝室とともに、
細見貴子がトータルにデザインを手掛けた住友不動産モデルハウスです。

Cream + Pink

クリーム色をメインカラーにピンクを
アクセントカラーとしてプラスしたベッドルーム。
壁紙、ベッドカバー、クッション、トピアリー、
一人掛け椅子等、ピンクの濃淡をリピートさせて
印象づけています。

2. メインカラーが
　　なかなか決められない時

どんなに好きな色であっても個性的な色をメインカラーにするのは勇気のいることです。また、なかなか迷って決められないという方も多いのではないでしょうか。そういう時は、無難なオフホワイトや淡いベージュ等の色にしておき、クッションやトピアリー等の小物で冒険をしてみるというのも賢い方法かもしれません。

3. 色の効果

色のもつイメージや心理的な効果を簡単にまとめた例をご紹介しましょう。

■	赤	意欲的な時、活動的な時等、心身の動的な状態とともに現われる。興奮を連想させ、エネルギーの発散を促す。
■	ピンク	情緒豊かな状態。体が鋭敏な時等、心身の高揚感とともに現われる。心理的には幸福感を、生理的にはぬくもりのイメージを感じさせる作用をもつ。
■	オレンジ・黄色	心理的には希望や願望と結びついて現われ、生理的には欲求の高まりを現わす等、外向的な要素とともに現われる。心身に解放感を与える。

+ Pink

クッションとトピアリー、カーテンのタッセルに、
アクセントカラーとしてピンクを使った例。
最低この程度のボリュームは必要です。

+ Green

グリーンをアクセントカラーとして使用。
ピンクとは全く違う感じになっています。
このようにアクセントカラーで、
随分違うイメージにすることができます。

■	緑	誕生、永遠等、生命の再生力とともに現われる。心と体にリラクゼーションを促し、生命の成長とホメオタシス(恒常性)のイメージを与える。
■	青	精神集中、自尊心等、求心的な心の動きとともに現われる。清浄、鎮静など、エネルギーを吸収していくイメージをもたらす。
■	紫	悲哀、不安等、気力の低下、あるいは自己回復の願望とともに現われる。自己治癒の作用や、神聖のイメージを与える。

(色彩自由自在・末永蒼生著／晶文社より)

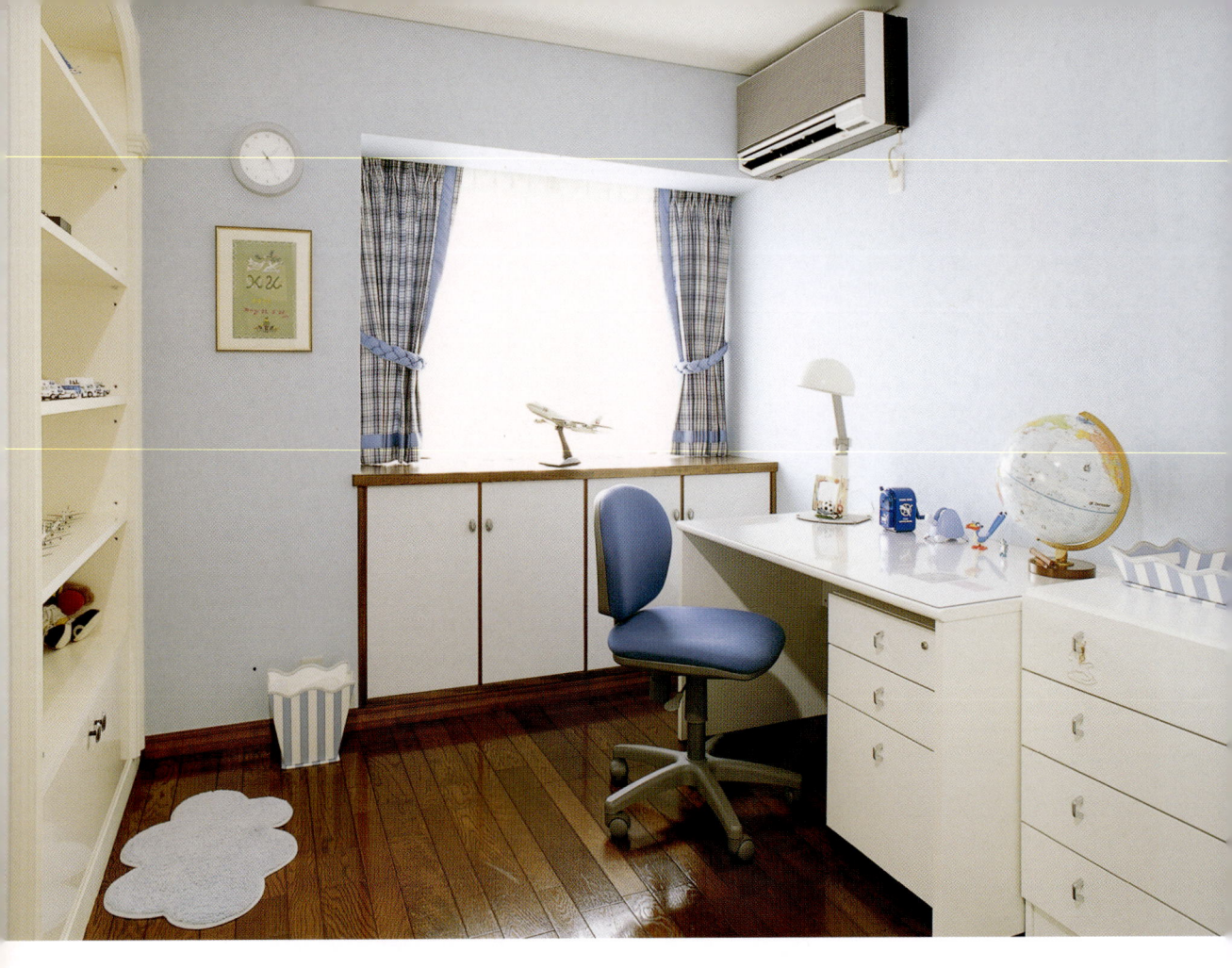

Blue　藤澤邸のブルーと白の子供部屋。ブルーは精神集中、自立心等、求心的な心の動きとともに現われる色ですから、
勉強部屋や書斎には最適な色。撮影のために美しくディスプレイしてくれたのは、実はこの部屋の主である小学2年生の男の子です。

Green

グリーンは心と体にリラクゼーションを促し、生命の成長と再生の色といわれています。ブルーとともにベッドルームに適した色といえるでしょう。ただ、一色だけだと時におもしろ味のない部屋になってしまうことも。藤澤邸のようにピンクを少し加えることで、女性好みのエレガントな雰囲気にすることができます。

4. アクセントカラーの使い方

アクセントカラーはメインカラーを引き立たせるための差し色で、一般的には反対色(補色)に近い色を使います。例えば、ブルーの部屋にイエローのクッションや椅子を置くことで、ブルーがより美しく見えるのです。メインカラーが無彩色に近いオフホワイトやベージュの場合は、アクセントカラーはどの色でも大丈夫です。

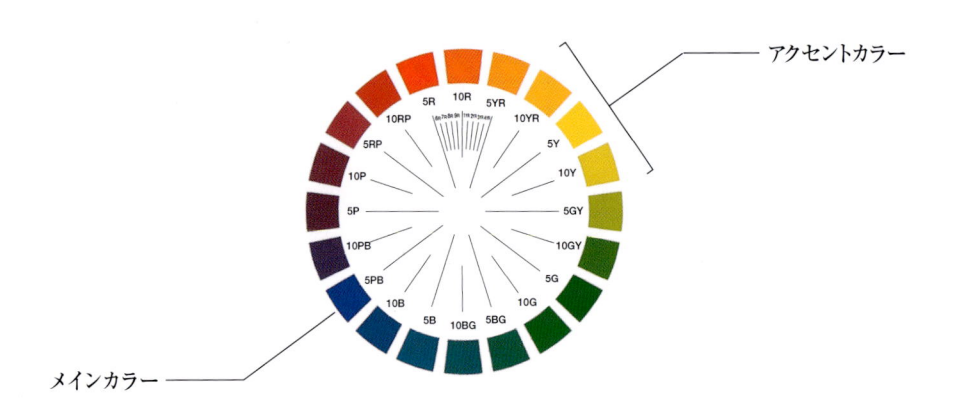

よくある失敗は、アクセントカラーのボリューム感不足から起こります。ソファの写真のみを見る限り、適度にグリーンの色が効いているように見えますね。ところがこのように部屋全体としてみてみると、クッション2〜3個のみでは、ほとんど目立たないことがわかります。P14の写真ように、アクセントカラーはある程度のボリューム感がないと、あまり効果が期待できません。

細見貴子の自宅ベッドルームを2色の
アクセントカラーを使い模様替えしてみました。
ベッドカバー、クッション、椅子やトピアリーと、
それぞれのアクセントカラーを
リピートさせることによって、
充分なボリューム感をだすことができます。

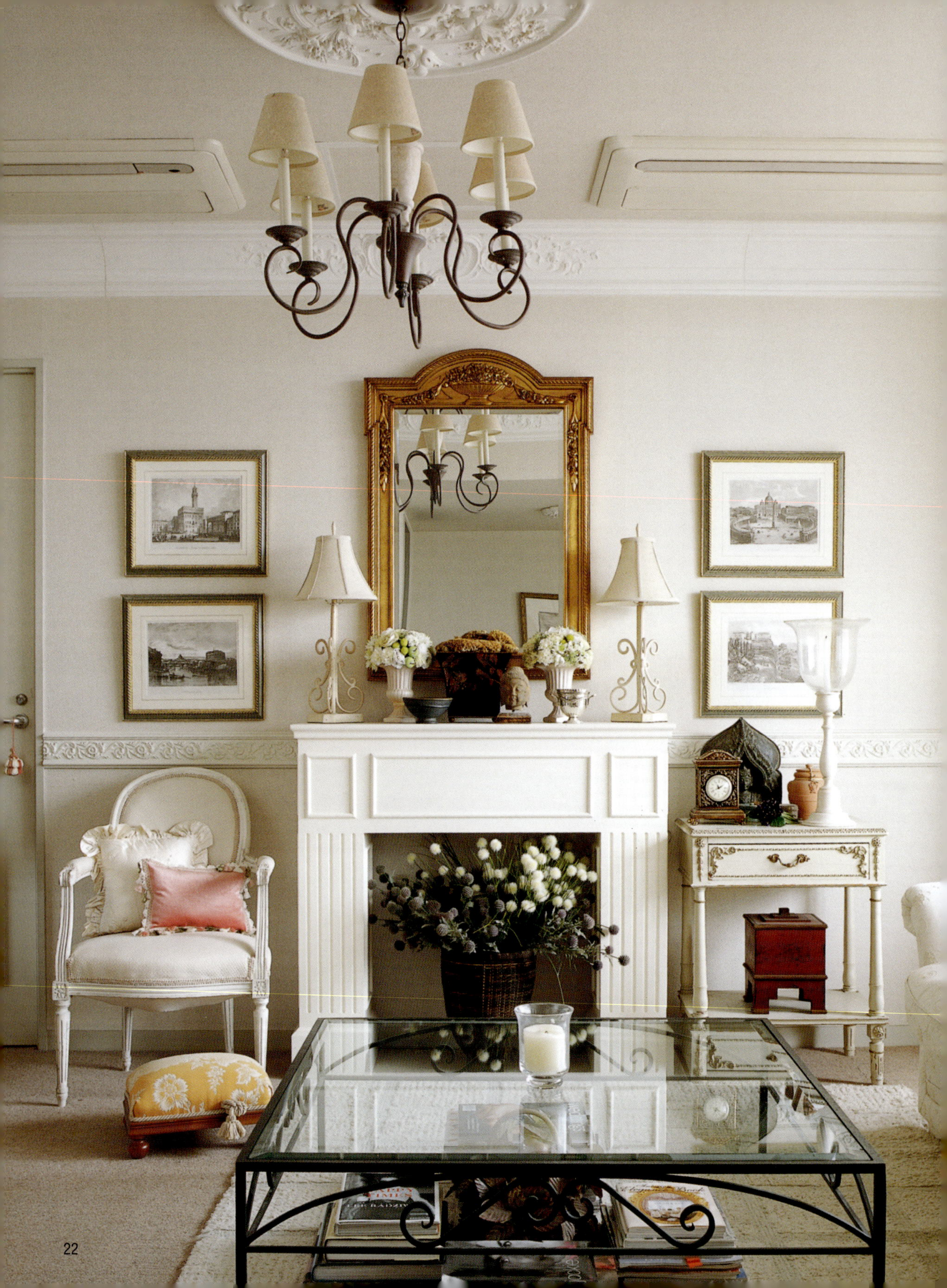

Focalpoint

1. フォーカルポイントとは

フォーカルポイントとは、洋風のインテリアにおける"見せ場"で、
その部屋のデコレーションの中心となる部分です。
和室でいえば床の間にあたります。フォーカルポイントのつくり方が、インテリアの完成度を
大きく左右するといっても過言ではありません。左ページは、細見貴子の自宅リビングです。

2. フォーカルポイントに最適な壁面とは

下の図面は、左ページの自宅リビングのものです。
フォーカルポイントをつくるための最初の作業は、一番適した壁面を捜すことです。
全面が窓の部屋等、例外もありますが、基本的な考え方は同じです。
まずドアを背にして の位置に立ちます。そこが、部屋の第一印象を決める位置です。
ただし、長方形の部屋であれば、ドアを入ってすぐの位置となります。
次に、その位置からABCDの各面が"フォーカルポイントに適しているかどうか"ということを、
チェックしていきましょう。

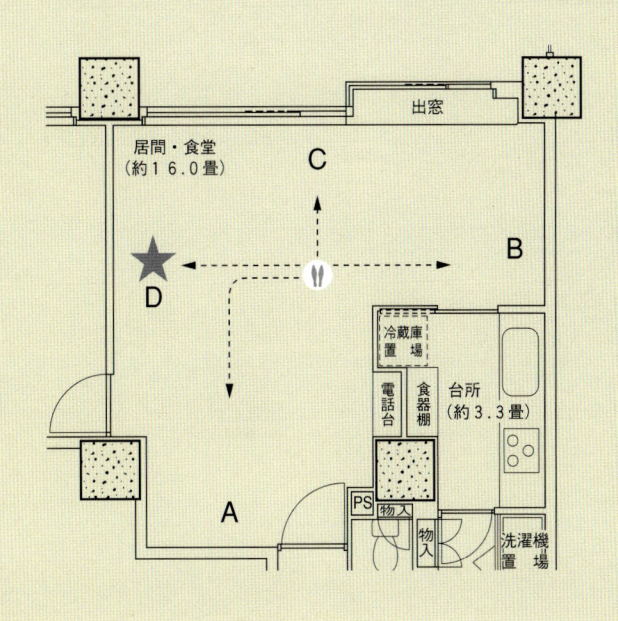

A
一番適していないのが、入口のドアと同じA面。
なぜなら、部屋に入ってUターンしなければ見えない場所だからです。
逆にこのような場所には、一番見せたくない家具や、
存在感のあるピアノを置くのがお勧めです。

B
ダイニングの奥の正面も、入ってすぐ見えにくいため、
あまり適しているとは言えません。
サブポイントとして、シンメトリーに
絵を飾る程度にしておく方が良いでしょう。

C
入口を入って正面にあたりますが、
大きな窓になっているために、デコレーションは不可能です。
このような場合、Dに置きがちな大きなソファを
Cに置いてみるのも良いでしょう。

D
フォーカルポイントに最適な壁面です。
通常ソファやピアノを置きがちな場所ですが、
ピアノをAに、ソファをCに置くことで、この壁面を
フォーカルポイント用に空けることが可能になります。

3. フォーカルポイントの デコレーション方法

フォーカルポイントに適した壁面が決まったら、
次はデコレーションです。
ここでは順を追って、その方法を説明していきます。
まずドアを除いた左右の有効寸法を測ります。
大切なのは必ず中心からデコレーションを始めることです。
ドアやカーテンだまりなどを除いた飾り付け可能な部分が、
フォーカルポイントの有効寸法となります。

1

中心にマントルピースを置き、
その中心に縦長のミラーを配置します。
ミラーは横長のものでも構いませんが、
できるだけ高さのあるミラーの方が、
バランスが良いでしょう。

2

次に、スタンドとトピアリーを
シンメトリーに配置します。
ポイントは高さにメリハリをつけること。
スタンドはやや背の高いものでないと、
バランスをくずしてしまいます。

3

4 次に、絵と中央に置物を飾ります。
大きいものをシンメトリーに2枚という方法もありますが、
私はやや小さめのものを2枚ずつ飾りました。
同じような絵が4枚なくてもサイズをそろえて、
同じ雰囲気の額であれば大丈夫です。

最後に、マントルピースの両サイドに家具を配置します。
家具は同じものが2つあれば理想的ですが、
ない場合でも同じテイストのものであれば
違和感はないでしょう。 5

失敗例1

両サイドに置くスタンドやトピアリー等は、必ず同じものを2つそろえて下さい。高さの違うものを置くと、せっかくのフォーカルポイントも台無しになってしまいます。

マントルピースの上に、ミラー、そしてシンメトリーに配置された絵、スタンド、トピアリーで美しいフォーカルポイントが完成です。中心の小物類は、シンメトリーに2つ置く必要はありません。

6

失敗例 2

よくある失敗例です。どれも背の低い小ぶりな小物を並べてしまったために、メリハリのないものになってしまいました。ひとつひとつのクオリティより、むしろ全体のバランス感覚が大切です。

4. いろいろなフォーカルポイント

マントルピースや家具ではなく、窓を中心にシンメトリーにつくられたニッチの壁面全体が、大きなフォーカルポイントになっています。

マントルピースの代わりに、
ローボードでつくるフォーカルポイント。
ミラーではなくて、大きな絵を中心に飾ります。

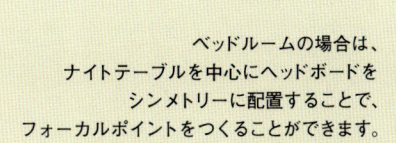

ベッドルームの場合は、
ナイトテーブルを中心にヘッドボードを
シンメトリーに配置することで、
フォーカルポイントをつくることができます。

Ⅳ Molding & Ceiling

細見貴子が得意とするインテリアデザインには、モールディングやシーリングメダリオンを使ったデコレーションがあります。エレガントな雰囲気づくりに欠かせない材料で、施工方法は、接着剤で貼ってその上からペンキを塗るという簡単なもの。発泡ウレタンという大変軽い材質でできていますので、マンション等梁が多い空間でも取り付けが可能です。
プリンセスハウスでは、専門の技術者が取り付けていますが、
大工さんでも問題なく取り付けられるはずです。これから新築やリフォームをご予定の方にはぜひお勧めです。もちろん、後からでも取り付けることができます。

1. モールディング

天井と壁の間につける廻り縁。
いろいろな種類がありますが、人気のある柄をご紹介します。

A H150 × D130 × L2000

B H175 × D180 × L2000

C H148 × D60 × L2000

D H140 × D65 × L2000

Medallion

E   H120 × D70 × L2000

F   H105 × D40 × L2000

2. シーリングメダリオン

シャンデリア上部の天井を装飾するパーツ。
中央に配線穴を開け天井面に接着して、シャンデリアを取り付けます。

G　φ830

H　φ955

I　φ770×525

J　φ490

K　φ660

L　φ400

3. その他のデコレーションパーツ

さまざまな壁面の装飾に使います。写真M、Nのチュアレールは、モールディングに似ていますが天井と壁を区切るためではなく、壁面のみを装飾するためのもの。
壁紙を上下で貼り分ける際の、ボーダーとして使用することもあります。

M　H105 × D20 × L2000

N　H220 × D20 × L2000

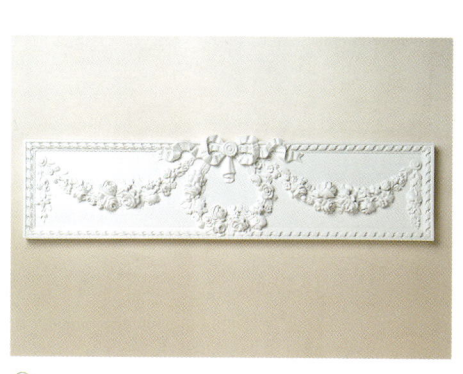

O　W920 × D40 × H215

Q　W590 × D50 × H775

P　W915 × D40 × H370

R　W140 × D15 × H170

4. モールディングの選び方

梁や凸凹の多い部屋は、連続柄を選ぶと
ジョイント部分が目立たず、きれいに仕上がります。柄に関しては、
あまり様式的なことにこだわらずに好きなモティーフで、
インテリアの雰囲気の合うものであれば良いでしょう。

ゴージャスに見せるには、
できるだけ大きいものがお勧めです。
この写真は平均的な天井高のマンションですが、
これだけボリュームのある
モールディングでも全く違和感がありません。
サンプルで見た時は、大きく見えてしまい、
つい小さめのものを選びがちなので気をつけましょう。

逆に細いサイズでも大丈夫なのは洗面所、
トイレ等の狭いスペースや細長い廊下です。
マンションの水まわりは梁の関係で
天井が低くなっている場合が多いのですが、
細めのモールディングであれば圧迫感を与えずに、
高級感をだすことができます。

5. シーリングメダリオンの選び方

シーリングダリオンはあくまでも装飾用のパーツですので、絶対こうでなくてはというルールはありません。
まず柄についてですが、シャンデリアや部屋のイメージに合ったものであれば、モールディングとおそろいにする必要はありません。
大きさについては、部屋とシャンデリアとのバランスを考えながら選びましょう。
リビングであれば、シャンデリアよりもひとまわり大きなメダリオンを選ぶことをお勧めします。

細見貴子自宅
ベッドルームには、華奢なシャンデリアに合わせ小さめのメダリオンを取り付けています。

ダイニングは、スペースとテーブルが長方形なので、楕円形のメダリオンを選んでみました。テーブルとメダリオンの長手方向を必ずそろえてください。

リビングのメダリオンは、アイアンのシャンデリアよりも、ひとまわり大きなものを選びました。

V Lighting

1. 照明のパターンを考える

欧米と比べた時、日本のインテリアの中で一番遅れているのが照明かもしれません。
美しいシャンデリアやブラケットを持っていても、
それを日常的に素敵に使いこなせているかどうかが問題です。
いつもワンパターンではなく、シーン別にいろいろな組み合わせを考えてみることで、
インテリアはより洗練されたものになります。細見貴子の自宅には埋め込みのダウンライトはありませんが、
スタンドやキャンドルを使って、日常的にいろいろな演出を楽しんでいます。

シャンデリア1灯 ＋ スタンド

我家の食事シーンのパターンです。
ほど良い明るさが、ゆったりとした
くつろぎの雰囲気を醸し出しています。
食事もおいしく感じられる
"レストラン風照明"はこのレベル。

シャンデリア2灯

シャンデリアを2灯全開にすると、
かなり明るくなります。明るさは、
個人の好みによるところが大きいので、
一畳当たり40Wと言われる必要数は、
あくまでも目安です。

スタンド ＋ キャンドル

お酒や音楽を
楽しむ時にお勧めなのが、
ホテルのバーをイメージした
スタンドとキャンドルだけの
ムーディな灯り。大人のための
お洒落な照明シーンを、
ぜひご自宅でも実践してみましょう。

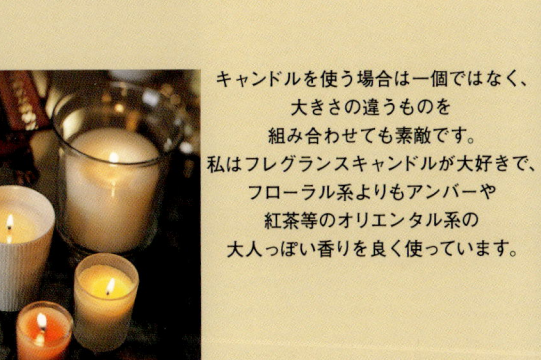

キャンドルを使う場合は一個ではなく、
大きさの違うものを
組み合わせても素敵です。
私はフレグランスキャンドルが大好きで、
フローラル系よりもアンバーや
紅茶等のオリエンタル系の
大人っぽい香りを良く使っています。

1. リボンシャンデリアの3灯タイプは
ベッドルームや子供部屋に。
明るさが足りない時は
ダウンライトやスタンドでおぎないます。
Φ300×H580　　W40×3

2. プリンセスハウスカラーで製作された
リボンシャンデリアはイギリス製の
ハンドメイド。
Φ540×H530　　W40×5

3. 大人気のオフホワイト、アンティーク風
仕上げのシャンデリア。
Φ520×H500　　W40×6

4. アンティーク風ゴールド＆クリスタルの
繊細なシャンデリアは、ダイニングや
ベッドルームにお勧めです。
Φ260×H400　　W40×8

5. 花モティーフが可愛らしい
クリスタルシャンデリアは、
プリンセスハウススタイルにぴったりの
デザインです。
Φ585×H470

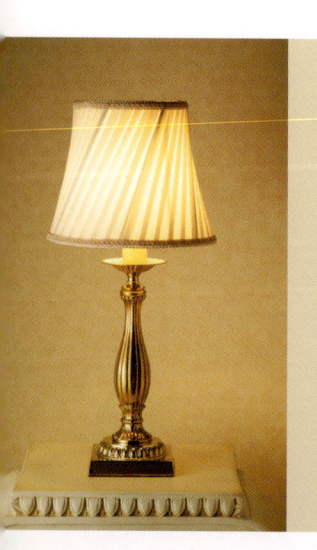

2. 照明を効果的に使いましょう

照明器具は実用的に使うばかりでなく、
形や色もインテリアの雰囲気にあった、エレガントなものを選びたいものです。
また、洗練されたデコレーションに欠かせないのが、スタンドづかいです。
平面的になりがちなインテリアに奥行きを与えてくれる、大切な脇役です。

サイドテーブルに置くスタンドは、
存在感のあるものを選ぶのがポイント。
ここに小ぶりで華奢なものを選ぶと、
バランスが悪く、チープな印象になりがちですから
気をつけましょう。

39

6. 根強いファンも多い天使モティーフの
ブラケット。洗面所、トイレ等
小さなスペースにお勧めです。
W140×D245×H260
7. シェードタイプのコンパクトなシャンデリア。
ゴールドの他にアンバー色も。
φ450×H380　　W40×5
8. 大人気のお花のシーリングライトは
子供部屋や寝室に。
イタリア製。
φ500×H195　　W75×3
9. エレガントで、かつシンプルな
シェードスタンドはコンソールや
ドレッサーにペアで使うと素敵です。
φ160×H400
10. プリーツのシェードが優しいブラケットは
ベッドルームや子供部屋、水まわりに。
W100×D155×H260　　W40×1

11. ロンドンのホテルリッツと同じ、
美しいハーフシェードブラケット。
W300×D120×H610　　W25×1
12. アーム付きスタンドはベッドサイドの
読書用として便利なもの。
これがあると天井の照明が小さくても大丈夫。
Φ330×H500　　W40×1
13. バラモティーフのブラケットは
洗面所やトイレのミラーサイドにぴったり。
W100×D220×H155　　W40×1
14. シャンデリアとお揃いのブラケットは他に
1灯と3灯タイプも。玄関ホールやリビングに。
W300×D230×H380　　W40×2

15. リボンの台座が何とも可愛らしい
バラのブラケットはトイレや洗面に。
W120×H200　　W25×1
16. イギリス製のリボンとバラのブラケットは、
どこかに使ってみたい永遠の憧れモティーフ。
W300×D160×H240　　W25×2
17. 玄関ホールや階段室等を、洗練された
雰囲気にグレードアップしてくれる灯り。
イギリス製。
Φ210×H360　　W40×3

Ⅵ Fabrics

エレガントなインテリアを完成させる上で
何よりも重要なのが、贅沢なファブリックスづかいです。
たっぷりとした、3倍ヒダ仕様の贅沢な布地使いのカーテンや、
オートクチュール感覚の凝ったデザインのバランス(上飾り)、
そしてゴージャスなタッセルは、確実にインテリア全体をグレードアップしてくれます。
模様替えをするなら、お部屋の大きい部分から変えるのが効果的です。
とはいえ、床、壁、天井を張り替える方法は、大掛りな工事になってしまうので、
その次に大きな面積の窓まわりのカーテンを変えてみてはいかがでしょうか。
イメージを変えることができお勧めです。

1. カーテンで空間をグレードアップ

たっぷりとした3倍ヒダのカーテンは裏地を付けることで、さらにボリュームアップして、ゴージャスな印象に。
あえて3ツ山ヒダではなく、ギャザー仕上げにして、裾も床にたらしてドレスのようなイメージにします。
高層マンションや雨戸がある部屋で、カーテンを閉めない場合にお勧めです。

リビングの場合、カーテンの裏地は
遮光性のある生地ではなく、
綿やポリエステルの方がお勧めです。
光が通る方が、明るく美しく見えることが
多いからです。

タッセルはできるだけ大きく、
ボリュームのあるものを選びましょう。
シンプルな無地のカーテンも、
タッセル次第で華やかに
ドレスアップできます。

この写真でもわかるように、
3倍ヒダのカーテンと比べると、
平均的な2倍ヒダのカーテンが
何となく物足りなく
感じてしまうはずです。

カーテンとは、窓の大きさに合わせてサイズを決めるのではなく、
壁面をデコレーションする感覚で、バランスの位置や
カーテンの長さを決めるものだというのが私の考えです。
例えば、この写真のように小さな窓が2つ並んでいる場合、
窓のすぐ上にレールを取り付けて、
窓下20cm程度までの長さにカーテンを
仕立てることが多いと思います。
ところが、このような時に私がいつも提案するのは、
天井に近い高い位置から床までカーテンを吊り、
窓をできるだけ大きく見せることで、
窓まわりをよりゴージャスに演出する方法です。

カーテンはバランス（上飾り）を付けることで、
よりエレガントな印象になります。
天井の高さやマンションの梁等、
気をつけるべきポイントはありますが、
できるだけ天井に近い位置から吊るす方が美しく見えます。
こうすれば、ヨーロッパのホテルや
邸宅等でよく見かける夢のようなインテリアも、
実は意外と簡単に日本でも実現することができます。

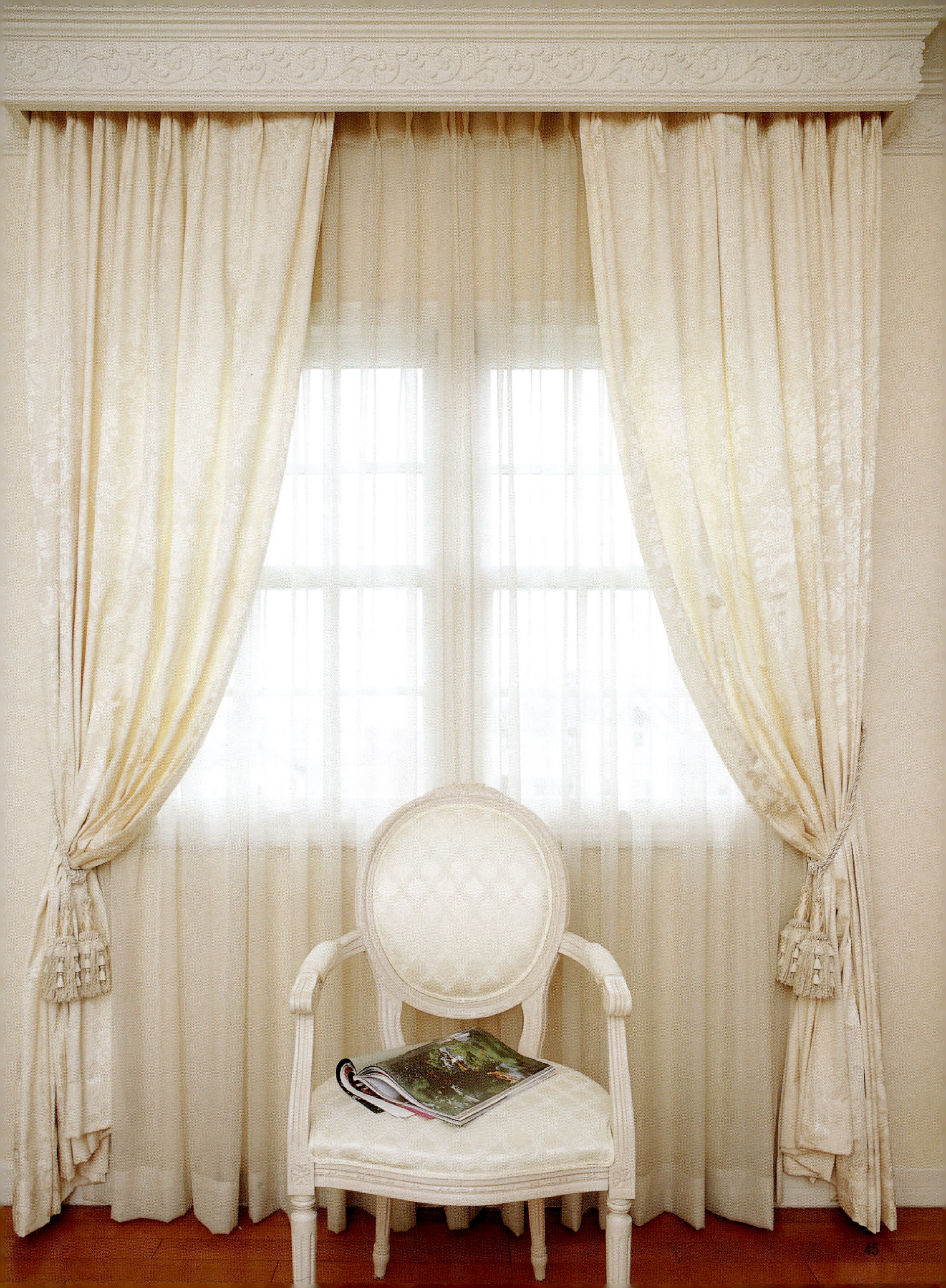

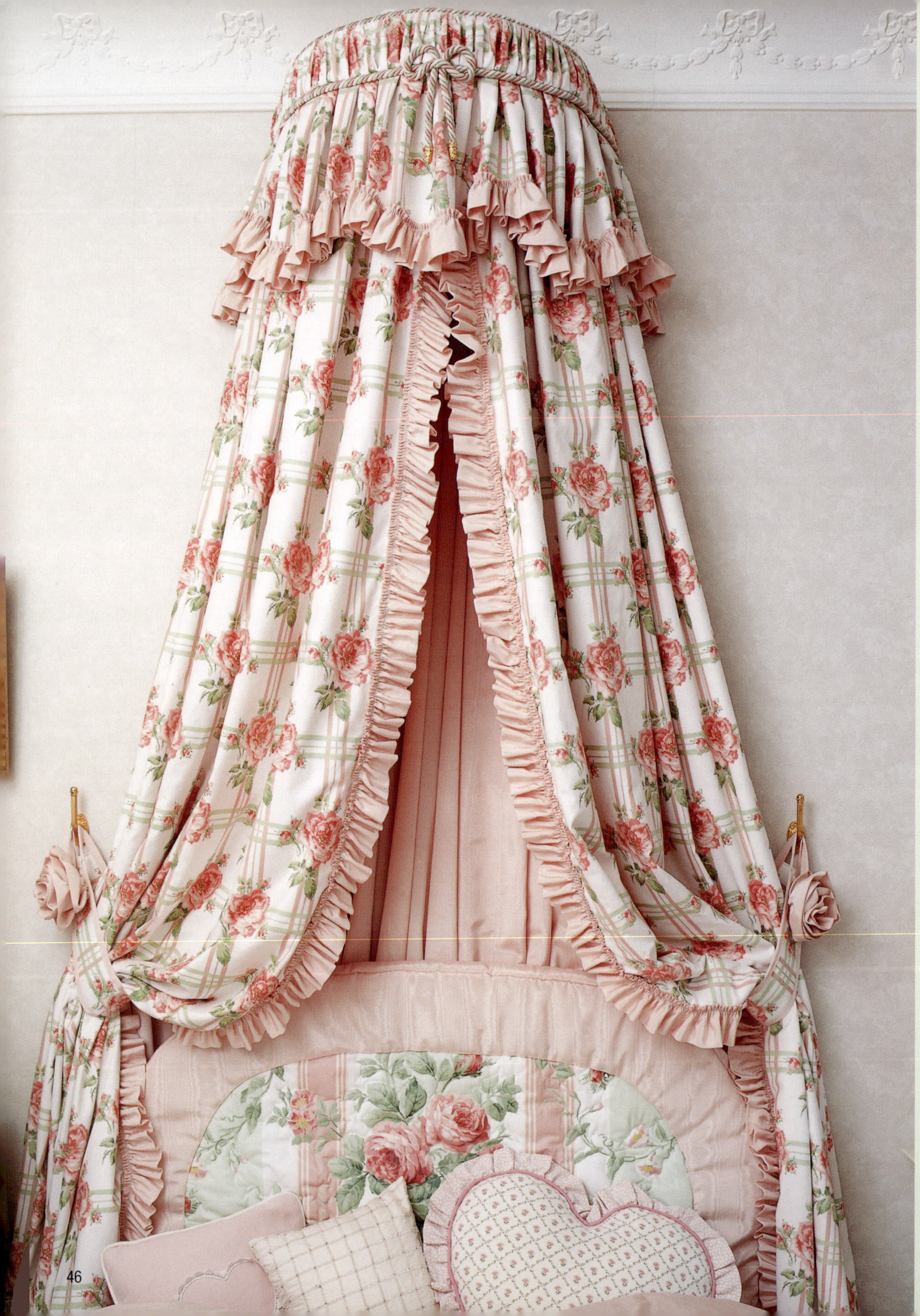

2. キャノピー

女性なら一度は夢見るキャノピー(天蓋)付きのベッドは、
プリンセスハウスでも人気が高く、子供部屋だけでなく
大人のベッドルーム用としても、リクエストの高いものです。
この3つのキャノピーはコロネット型と呼ばれる
簡易式のもので、ほとんどが装飾目的のものです。

上の動物柄のファブリックスを使ったキャノピーは、
幼稚園から小学生のお子様むけ。
花柄や水玉とのコーディネートで、
夢のように愛らしい子供部屋が完成します。

左はP7 Romantic Styleでも
ご紹介したお部屋のキャノピーで、
まるでお姫様の部屋のようにロマンティックで
優しい雰囲気に仕上りました。

ソファの形をしたデイベッド
(本来はお昼寝用のもの)に、キャノピーは
ベッドに合わせ横長のスタイルに。
石巻邸の小学生のお嬢様の
可愛いらしいお部屋です。

3. 小窓のデコレーション

後まわしになりがちな、水まわりの小さな窓こそ、実はいろいろと楽しいアレンジができるところ。
特にゲストをお通しすることの多いトイレの小窓こそ、遊び心のあるデザインにしてみたいものです。

藤澤邸の3つのトイレの素敵な小窓。
2階の女子用にはピンクモアレのバランス、
男子用は可愛いギンガムチェック、
そして1階のお母様用は窓の横長の形状を生かして、
バルーンシェードに。

小さな窓のロールスクリーンにも、
バランスとトリムを付けました。
シンプルなロールスクリーンが、
とても華やかになります。

4. エレガントな
タッセルコレクション

今すぐにカーテンを替えられなくても、
とりあえずタッセルだけでも替えてみませんか？
同じセーターやブラウスでもお洒落なスカーフで
イメージが変わるように、タッセルだけでも
カーテンの印象を変えることができます。
ポイントは大きくて存在感のあるものを選ぶこと。
私たち日本人はどうしても小さいものを
選んでしまいがちですが、タッセルをアクセントに
しようと思うのであれば、大きめでゴージャスな
雰囲気のものが確実にカーテンの格を上げてくれるのです。

5. ファブリックスを使ったオリジナルアイテム

エレガントなインテリアづくりに欠かせないのが、ファブリックスを使った家具やカバー類。
特にヨーロッパのファブリックスは、色・質感ともに素晴らしいものが多く、お勧めです。

可愛いらしい収納付きスツールは、
中に雑誌や新聞を入れて
リビングに置いたり、ドレッサーの
スツールとして大活躍。

ゆったりとした
円形スツールは、リビングに
ひとつあると便利なもの。
オットマンとしても使えます。

お手持ちのクッションの
夏用イメージチェンジの方法として、
オーガンジーのレースのカーテン地で、
カバーをつくりました。

ベッドにギャザープリーツや、
ボックスプリーツのベッドスカートを
付けることで、
とてもエレガントになります。

好みのファブリックスを使用した、
籐のチェア用の座ぶとんで、
自分テイストのインテリアに。
張り替えよりも手軽です。

キルティングのベッドスプレッドも、
カーテンやインテリアに合わせて、
コーディネートしましょう。
これは波型キルトに仕上げたもの。

ルイ15世風チェアは、籐張りと、
この布張りが選べます。
好みのファブリックスを張って、
コーディネートができます。

小さなお子様がいるご家庭で、
ソファのメンテナンスが気掛り
という方は、写真のようなカバーリン
グタイプのソファを選ぶと便利です。

ベッドの足元に置くフットスツールには、
パジャマやガウン、普段着等を
収納できて大変便利。2人掛けの
スツールとしても利用できます。

Ⅶ Furniture

家具を購入する際に気をつけたいのが、サイズと部屋の大きさとのバランスです。
特にコンパクトなマンションの場合、いかに家具を圧迫感なく小さく見せるかが重要なポイントになります。
お勧めするポイントは、茶色ではなく白っぽい家具を置くこと、ファブリックスを淡い色にすること、
センターテーブルにガラス天板を使うことです。淡い色の家具はカジュアルで安っぽいイメージという印象を
お持ちの方もいらっしゃるかもしれませんが、細見貴子が提案するのは、
高級感のあるエレガントな白い家具。重厚すぎて部屋を狭く見せてしまいがちな茶色の家具ではなく、
優しく洗練された印象の白い家具を置くことで、部屋を広く見せてくれる効果も期待できます。

1. ソファ＆センターテーブル

大きいサイズのソファこそ、濃い色ではなく
淡い色のファブリックスを。小川邸のソファも
かなり大きなものですが、オフホワイトの張り地のおかげで、
圧迫感なくリビングに納まっています。
ピンクベージュのルイ15世スタイルのセンターテーブルは、
伝統的なレリーフが彫刻されたもので、
ソファに合わせてオーダーで製作されたもの。

ゲストが多いお宅などで、リビングに
大きなセンターテーブルをご希望の
方にはガラステーブルをお勧めします。
これは自宅で使っているもので、
W1000×D1000×H400のサイズ。
たくさんの食器が並べられて、
ホームパーティの時にとても便利。

2. ダイニングテーブル

ルイ16世スタイルのダイニングセット。
優しいローズ系ファブリックスが、
オフホワイトの色を
より引き立たせています。

オリジナルデザインのリボンチェアは、
ダイニングチェア以外にもマントルピースの
両サイドや玄関ホールに置く等、
アクセント家具としても使えます。
1脚だけだからこそ、最高に贅沢な
ファブリックを張ってみては。
眺めているだけでも幸せな気分です。

ピンクベージュのダイニングテーブルは、
ルイ15世スタイルの花のレリーフが特徴。
好きなサイズでオーダーが可能です。
優雅な気品を醸し出すダイニングセットは
"サロン"のイメージにぴったりです。

ルイ15世風のダイニングチェアの
背もたれは、籐のタイプも
軽やかな印象になり素敵です。
座面は籐に座ぶとんをのせる
写真のタイプと張込むタイプの2種類。

3. デスクまわり

造り付けの机と上面がドレッサーコーナーになったチェストは、石巻邸の小学生のお嬢様のお部屋。キャノピー付きベッド同様、夢いっぱいの可愛らしいコーナーは、お友達にも羨ましがられるそう。

こちらは佐藤邸の20代のお嬢様のお部屋。
机と本棚が一体となり、天井まで無駄なく収納スペースになっています。
色も白で圧迫感がなく、コンパクトなスペースにもぴったり。
ルイ16世スタイルのデザインがノーブルな雰囲気です。

なんと仏壇スペースもある壁面収納は、
あらかじめ収納したいもののサイズを、すべて把握した上で製作。
床から天井までの収納の場合、頻繁に必要なものが
まず取り出しやすい位置に入るよう設計することがポイントです。

4. 壁面収納

細見貴子の自宅ベッドルームにあるクローゼットは、
"幸せ色"のピンクベージュ。
浅い引き出しを多くつくる方が、服の収納には便利です。
中央は内部が桐の和ダンス仕様になっています。

5. ベッドヘッド

自宅ベッドはオフホワイトで、
ヘッドボードをやや高くつくりました。
目の錯覚で、ダブルサイズが、
セミダブル程度に見えるから不思議。
これにより部屋も広く見える効果があります。

キルティングのベッドヘッドカバーを、
ベッドスプレッドとおそろいでつくってみました。
茶色のベッドヘッドも、ベッドスプレッドとともに
イメージチェンジしてみてはいかがでしょう。

6. テレフォンスタンド

探してもなかなかないのが、
エレガントな白い電話台。
こちらはイタリア製の既製家具ですが、
色をオフホワイトにセミオーダーしたもの。

VIII Corner Decoration

家全体のインテリアを、すべて一度に
変えるのはなかなか勇気のいることです。
まずは今日からでもできるコーナーの
飾り方をブラッシュアップすることで、
インテリアデコレーションの楽しさを
発見していただければと思います。

ゆったりとした玄関ホールでは、
お洒落なベンチチェアを置くことで、美しい
ギャラリーのようなスペースに。

シノワズリーの箱は細見貴子がスリッパ入れとして
使っているもので、上には縁起が良いとされる
曼陀羅のアートと、フレグランスキャンドルで
オリエンタル風に。

限られたスペースのマンション玄関なら、
小ぶりのコンソールテーブルとミラーを置くことで、
広く見えるような効果も期待できます。
床もベージュの人工大理石に張り替えました。

1. 玄関ホール

玄関ホールは第2のリビングと呼べるほど、大切なスペースです。
ゆったりとした玄関であれば、殺風景にならないようなデコレーションが必要ですし、
マンションのような限られたスペースの場合は、高級感を演出しながら、
いかに広く見せるかがポイントになります。

2. サイドテーブル＆スタンド

リビングのコーナーにぜひ欲しいのが、
サイドテーブルとスタンドでつくるコーナー。
この2つのアイテムにトピアリー等の小物を置くだけで
簡単に完成するコーナーは、
リビングのグレードアップに欠かせません。
ポイントはスタンドとトピアリーを大きめのものにすること。
つい小さめのものを購入しがちですが、
全体のバランスで見た場合、目立たないばかりか、
チープな印象になってしまいます。

円形のサイドテーブルは、ルイ15世スタイル。
リビングのソファの横や玄関ホールに
椅子とともに置くだけで、
素敵なコーナーがつくれます。

写真のようにスタンドやトピアリーを大きめにすることで、
洗練された印象の空間になります。
海外の住宅やホテルの事例をお手本にして、
コーナーの演出をしてみてはいかがでしょう。

3. 壁面ニッチ

壁面全体を手前に出し、モールディングのパーツを組み合わせてつくるニッチは、軽やかで洗練された印象を醸し出すことができるデコレーションです。
美しいニッチをつくるには、パーツの組合せのセンスと配置のバランスがとても大切なので、施工は慣れたプロにまかせた方が良いでしょう。

写真は細見貴子がデザインした
モデルハウスのもので、
好んで使う
デコレーションのひとつです。
ヨーロッパやアメリカの住宅でも、
たびたび使われる手法です。

4. ドレッシングテーブル

ベッドルームのアクセントとして、
美しいドレッシングコーナーはいかがでしょうか。
お化粧は洗面所で、という女性が多いようですが、
アクセサリーや香水をつけるほんの一瞬だからこそ、
ぜひ優雅な時を過ごしたいものです。

細見貴子自宅のベッドルームで使っている、
ドレッシングテーブル。オリジナルデザインで、
好みのファブリックスで製作が可能です。
内部は収納で、ガラス天板のため
汚れても大丈夫。スツールも内部が
収納になっているので、パジャマや普段着を
入れて煩雑になりがちなベッドまわりを、
すっきりと見せています。

5. ピアノの上のデコレーション

リビングの物置き場になりがちなピアノ上を
美しいカバーや、気のきいた小物等で
お洒落に飾りつけてみませんか。
ちょっとした工夫で、
エレガントなコーナーに変えることができます。

藤澤邸の子供室のピアノコーナーです。
奥様の古いピアノも、シンプルで
さわやかなカバーリングで新しいイメージに。
椅子カバーは色違いでブルーも
つくりました。

自宅のピアノの上は、
テーブルランナーを敷き、家族の写真等を
飾ったファミリーコーナーになっています。
絵を中心に、バランス良くキャンドルと
トピアリーをシンメトリーに配置し、
その間にバイオリンやフォトフレームを
デコレーションして、雰囲気のある空間を
演出しています。

小川邸の奥様もお気に入りの
洗面コーナー。
"海外の一流ホテルのような"という
コンセプトの基に、水栓金具やボール、
壁紙、ミラー等、一切の妥協を許さずに
つくりあげた空間です。

右は家事コーナーも兼ねた
明るいコーナー。スツールを置き
アイロンがけ等ちょっとした作業も
できるようになっています。

6. パウダールーム

女性にとって洗面所とは、ただ実用的なだけでなく夢のある空間であるべきだと思います。
毎日必ず使うところだからこそ、壁紙や照明等"自分らしさ"にこだわりたいスペースです。
ちょっとした家事コーナーのスペースがあれば、ここで過ごす時間は意外と長いのかもしれません。

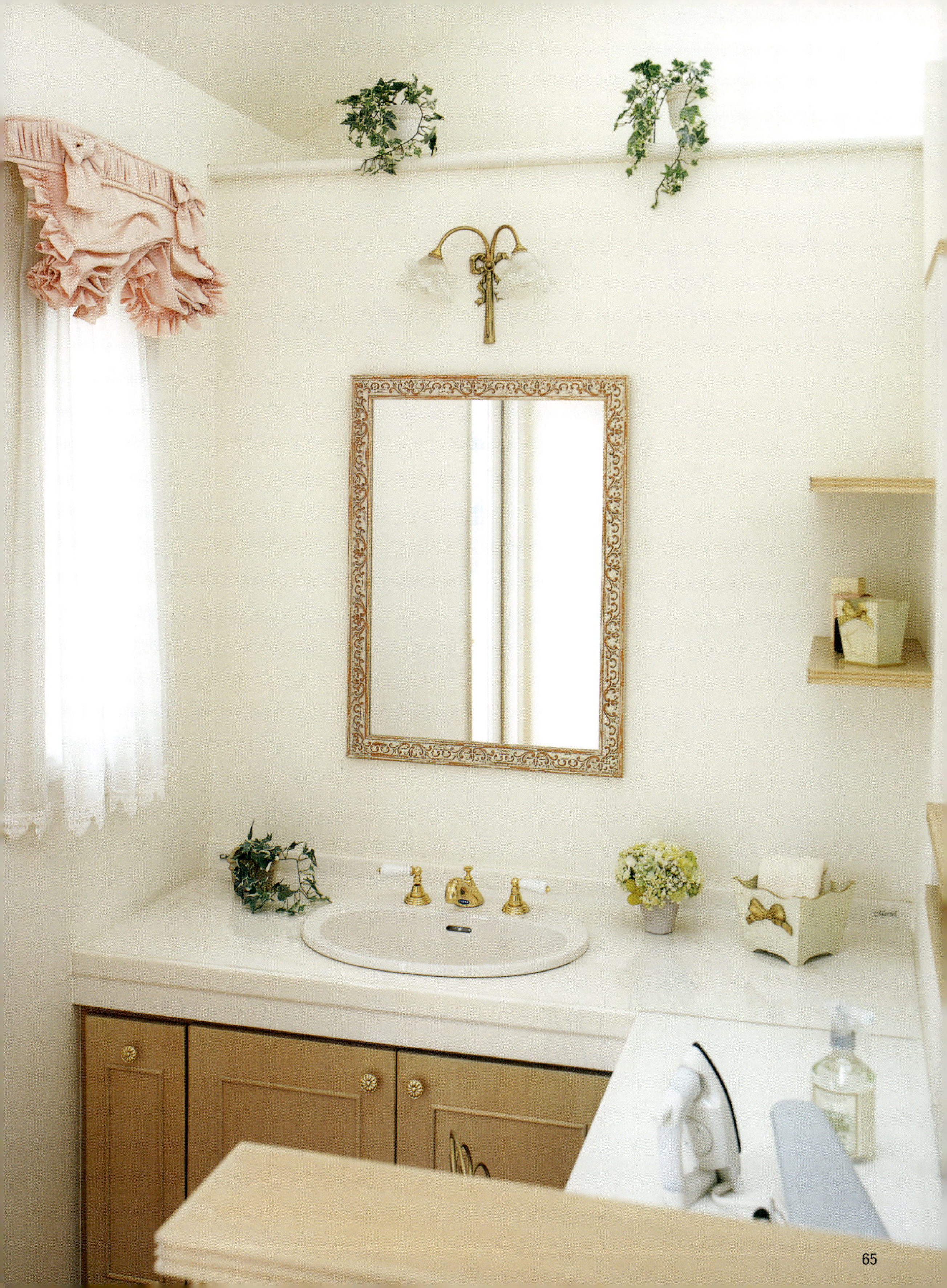

7. トイレ

けっして広くない空間だからこそ、
高価な輸入壁紙を使って大胆に、というのが私の考えです。
もちろんミラーやブラケット、そしてタオル掛けや
ペーパーホルダーにまでこだわります。

女性に人気の
バラモティーフの壁紙は、
絵画タッチで描かれた
エレガントなもの。
プリンセスハウス東京青山店の
トイレです。

小川邸のトイレは、
ボーダーを中心にして
同じシリーズの柄違いの壁紙を
上下に張り分けたもの。

無地の壁紙もボーダーを
プラスするだけで華やかな印象に。
ミラーや照明もバラの
モティーフで統一しました。

藤澤邸バルコニーには
乾式タイルを置敷きし、
リビングからも連続するような
イメージに仕上げました。
リビングが実際より
ぐっと広く感じられます。

8. バルコニー

バルコニーを上手にデコレーションすることで、
リビングとの一体感が出て、広がりが生まれます。
特に床の質感とカラーは大切なポイントです。

小川邸バルコニーは高価な
輸入テラコッタタイルを職人が
一枚一枚カットして仕上げたもの。
格調高いリビングにひけを取らない
ラグジュアリーなスペースで、
2匹のワンちゃん達もお気に入り。
タイルに合わせたテラコッタの
りすの置物がまたキュート。

Ⅸ Parts & Accessaries

なかなか探しても見つからないのが、インテリアの雰囲気に合ったアクセサリーやパーツ類ではないでしょうか。
ひとつひとつは小さなものですが、使う数の多いツマミやスイッチプレートは重要なアイテムで、
インテリアのグレードが現われる部分です。
細かなパーツやアクセサリーを替えることで、大掛かりなリフォームをせずに
インテリアのグレードをアップさせることができるのです。

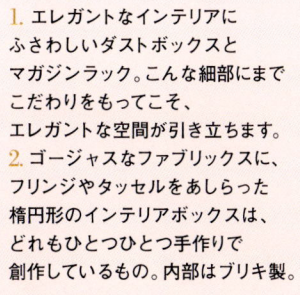

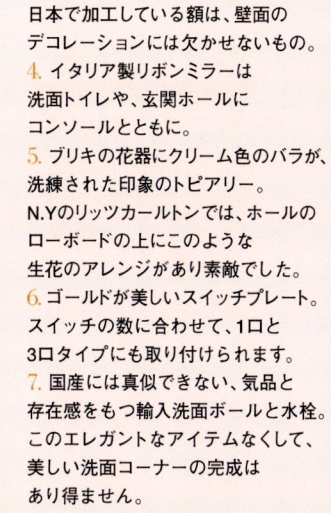

1. エレガントなインテリアにふさわしいダストボックスとマガジンラック。こんな細部にまでこだわりをもってこそ、エレガントな空間が引き立ちます。
2. ゴージャスなファブリックスに、フリンジやタッセルをあしらった楕円形のインテリアボックスは、どれもひとつひとつ手作りで創作しているもの。内部はブリキ製。
3. 欧米から輸入した絵とフレームを日本で加工している額は、壁面のデコレーションには欠かせないもの。
4. イタリア製リボンミラーは洗面トイレや、玄関ホールにコンソールとともに。
5. ブリキの花器にクリーム色のバラが、洗練された印象のトピアリー。N.Yのリッツカールトンでは、ホールのローボードの上にこのような生花のアレンジがあり素敵でした。
6. ゴールドが美しいスイッチプレート。スイッチの数に合わせて、1口と3口タイプにも取り付けられます。
7. 国産には真似できない、気品と存在感をもつ輸入洗面ボールと水栓。このエレガントなアイテムなくして、美しい洗面コーナーの完成はあり得ません。

8. 優しい印象のゴールドのドアノブは、
クラッシックなイメージに。欧米のホテルでも
よく見かけるシンプルなデザインです。
9. オリジナルの花形ツマミは取替えも簡単。
クローゼットやキッチンの扉の
ツマミを交換するだけで、
イメージチェンジが可能です。
10. エレガントなインテリアの
リフォームに欠かせない、
白いドアと美しいレバーハンドル。
11. 洗面やトイレのカウンターに置きたい、
小さな美しいトレイと小物入れ。
コットンや綿棒など実用的なものを
入れるのにお勧め。
12. カーテンのタッセル掛けとしても使いたい
エレガントなフックは、
壁面に付けておくだけでも可愛いもの。
13. 壁面に額やプレートを飾る時に、
アクセントとして用いる装飾オーナメント。
茶色の家具に付けると、華やかな印象になります。

14. 陶器のブラシ&ボックスは、リーズナブルなお値段ながら、実用的かつゴージャスな雰囲気。
15. ゴールドのタオルリングは、トイレや洗面、そしてキッチンにもぜひ。エレガントな印象を与えてくれます。
16. エレガントなトイレに欠かせない、ゴールドのトイレットペーパーホルダー。タオルリングとおそろいで付けたいもの。
17. 清潔感あふれるエンジェルの陶器は、色違いでブルーも。同じシリーズでソープディスペンサーやフォトフレームもあり、ギフトにもお勧め。

14 16

15

17

71

Essay 私のお気に入りの場所

感性を磨くために私が心掛けてきたことがあるとすれば、それは自分自身が、数多くの"美しい空間"を体験するために、世界中を旅したことでしょうか。
ここでは、はじめての著書"インテリアエレガンスブック"の中の"素敵なホテル"案内の続編として、最近私が体験した国内外のお気に入りに場所を、読者の皆様にご紹介したいと思います。

1. アメリカ編

毎年仕事で出かけるニューヨークでは、エレガントなインテリアのホテルに宿泊して、食事は最先端の人気のレストランに出かけるようにしています。私のお気に入りのホテルは、リッツカールトン・セントラルパーク、ザ・ピエール、そしてザ・スタンホープの3つです。

リッツカールトンは、パステルカラーのファブリックスづかいが美しく、シノワズリーの小物づかいも大変洗練されています。可愛らしい雰囲気を卒業した、ワンランク上のエレガントなスタイルを目指す方は、ぜひ2階の"リッツクラブ"にお出かけください。美しいサロンでのシャンパンブランチは、この上なく贅沢なひと時です。

ザ・ピエールでは、1階の"カフェ・ロタンダ"で朝食やアフタヌーンティーをどうぞ。ジャクリーヌ・ケネディが壁面に描かれた美しい空間は、ジャッキーファン必見です。

メトロポリタン美術館の向かいにあるザ・スタンホープは"小さなヨーロッパ"という表現がぴったりの隠れ家的なホテル。アッパーイーストに住む、リッチなマダム御用達のラグジュアリーな空間です。

レストランでは昨年の秋にオープンした、バルティモアルームと、ザ・パークがお気に入りです。2店ともお洒落な人々が集まるお店で、最先端のニューヨークを満喫できます。

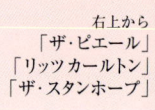

右上から
「ザ・ピエール」
「リッツカールトン」
「ザ・スタンホープ」

2. ヨーロッパ編

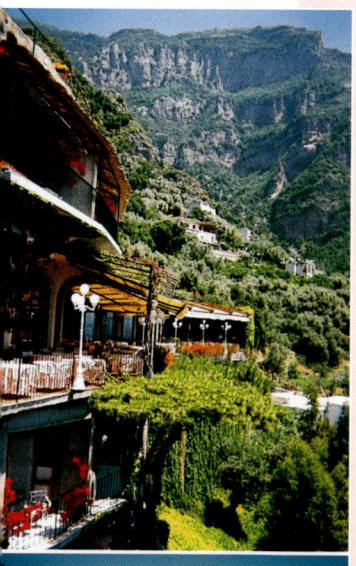

　ロンドンでは、ぜひともリッツホテルでアフタヌーンティーを。男性はネクタイ＆ジャケット着用で、女性もある程度のお洒落をしていかないと浮いてしまうので、ご注意を(笑)！そしてインテリアは、まるでプリンセスハウススタイルのお手本のように、リボンやバラモティーフづくし。どこを見ても大感激するはずです。

　パリはフォーシーズンズ・ジョルジュサンクか、プラザ・アテネがお気に入りです。淡い色調のルイ16世スタイルのインテリアは、プリンセスハウスのインテリアの参考になるものばかりです。別名オートクチュール通りと呼ばれている、アベニュー・モンテーニュのカフェでは、ティータイムを楽しむパリの素敵なマダムたちに出会えます。

　オープンしたばかりのミラノのパークハイアットは、"アマングループ"のホテルを手掛けたエド・タトル氏のデザインだけあって、広々としたバスルームがゴージャス。ただあまりにシャープで都会的なインテリアのため、読者の皆様には以前"インテリアエレガンスブック"でご紹介したフォーシーズンズや、エ・デ・ミランの方がお好みかもしれませんね。

　また、南イタリアへいらっしゃる時は、ポジターノのイル・サンピエトロへお出かけください。海を見下ろすロケーションは"素晴らしい"のひと言につきます。世界中のセレブリティがリピーターとして訪れるというだけあって、オーナー一族の暖かいサービスと地中海スタイルのインテリアが、リゾート気分を盛り上げてくれます。実は今年のバカンスで、偶然このホテルで誕生日を迎えることになった私に、さりげなく当日の朝バースディカードが。そしてディナーには、ハッピーバースディの演奏とともに、シャンパンのボトルとキャンドルを灯したデザートがテーブルに運ばれてきたのです。どうやらパスポートから日にちがわかったらしいのですが、そのさりげないホスピタリティに感激しました。

3点とも
「イル・サンピエトロ」

「プラザ・アテネ」

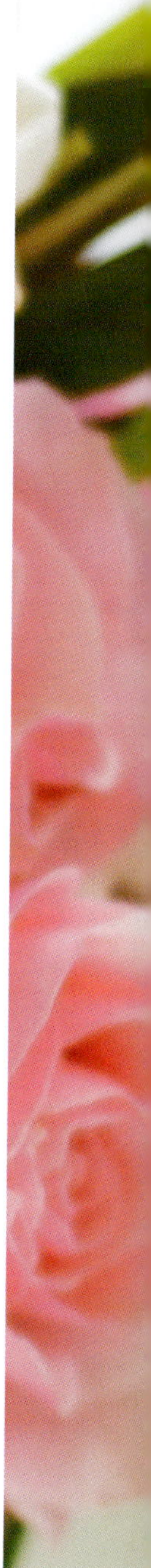

3. アジア編

　バリ島なら"水の宮殿"をイメージしてつくられた、アマンキラ。日本からの便だと夜に到着するため、チェックイン時のエントランスのライティングと、ガムランの調べが幻想的です。客室はすべて長い階段を登って行くコテージで、プライベートプール付きもあり、誰にも邪魔されずに時間を過ごす旅ができます。私が提案する、エレガントなインテリアとは全く違うテイストですが、洗練された大人のための極上リゾートです。

　また、日本人にはあまり知られていませんが、タイ・サムイ島のバーン・タリンガムも素敵なホテルです。プールサイドからのサンセットの眺めは、この世のものとは思えないほどの美しさで、疲れた身体を癒してくれます。ここでは断然、メインビルよりもタイ建築のヴィラがお勧めです。タイ式マッサージを受け、夜はタイ宮殿料理を楽しむ、まさに極楽気分を満喫できるホテルなのです。

3点とも「アマンキラ」

4. 日本編

　六本木ヒルズのグランドハイアットにチェックインして、シェフが料理をつくる姿を眺めながら食事ができる"フレンチキッチン"にも出かけましたが、やはり私の日本でのお気に入りは老舗旅館です。ベスト3をあげるとすれば、強羅花壇、あさば、そして俵屋。海外からも多くのゲストが訪れる、この3つの宿に共通するのは、"純和風"というよりも、外国人から見た"モダンな和"の見事な演出ではないでしょうか。竹山聖氏による強羅花壇の建築は、バリの蓮池を思わせる池や回廊がエキゾチックな雰囲気ですし、私がお気に入りの、俵屋の「寿の間」からお庭を見るためのガラス窓は、大きな1枚もので、純粋な日本建築にはないものです。そして池の向こうに能舞台がある"あさば"。海外からのゲストにとって"能"は、その動きと音の響き、そして衣装の華麗さが、独特な"幽玄の世界"を醸し出し、病みつきになってしまうのかもしれません。

　最後に、仕事に疲れているときこそ、一泊二日で私を癒してくれる秘密の宿をご紹介します。鹿児島空港からタクシーで15分、"忘れの里雅叙園"です。昔の民家を宿にした、ほのぼのとした雰囲気のところで、敷地内ではニワトリが何羽も遊んでいます。お風呂は、ご主人自らが岩をくり抜いたという素朴なつくり。食事はすべてオーガニックで、素材本来の味を堪能できます。この宿にお泊りになったなら、ぜひ、オプショナルツアーの"天空の森"へのピクニックに参加なさることをお勧めします。10万坪の広大な森の中に建つ4軒のヴィラは、なんとプライベート温泉付き。シャンパンブランチの後、ゆっくり温泉につかり、ハンモックに揺られながら森林浴をすれば、疲れた身体は間違いなく生き返ります。

　日本の有名人もお忍びで訪れるというこの宿には、住所等を書くゲストブックはありません。一流といわれる旅館からは丁寧な挨拶状を受け取りますが、ゲストに何も聞かないということも、おそらく極上のもてなしなのかもしれません。

上から
「俵屋」
「忘れの里雅叙園」

皆様もぜひ、洗練されたインテリアの中で、心からリラックスできるひと時をお過ごしになってみてください。

細見貴子の インテリアセンスアップサロン
Interior Sense up Salon

　月に1回、プリンセスハウスのオーナー細見貴子さんの自宅をはじめ、東京にあるショールームやプリンセスハウスが手掛けたモデルルームなどで行われる、サロン形式のお教室。レッスンに使われるテキストは、プリンセスハウスの作品集です。エレガントなインテリアが好きな女性たちの間では「夢のように楽しい時間」と定評があるだけに、生徒さんの中には、なんと新幹線で通われる方もいらっしゃるとか。タッセルをドアノブや飾り棚のつまみにつけたりと、サロンでは今すぐ使えるセンスアップのためのアイデアもいっぱいです。また、ベースカラーとアクセントカラーとの関係を学ぶカラーコーディネートレッスン、カーテンやクッション等のファブリックスづかい、照明、家具のレイアウト等のインテリアコーディネートのアドバイスまでと内容は幅広く「リフォームの際には大変参考になります」との声も。何度参加しても毎回新たな発見ができると評判です。テキストではわからない、ファブリックスのボリューム感や素材の質感、部屋をエレガントにグレードアップさせたい時に欠かせないモールディング等も、ここでは実際に手にとりながら学べます。

　プリンセスハウステイストのインテリアに興味のある方はもちろんのこと、これから新築やリフォームを考ている方にもお勧めです。10年以上もの間、インテリア好きの女性たちを魅了してきたお教室は、今後も新たな企画がいっぱいだそう。

お問合せ・お申し込みは　http://www.princesshouse.co.jp

文・吉田祐子

中村洋子さん

リビングとベッドルームのリフォームに満足された中村さん。「ちょっとした空間でも、プロの手にかかれば見違えるほどセンスアップできるんですね」白を基調としたリビングの一角には、マントルピースやミラーを効果的にあしらわれたそう。「一日でいちばん長い時間を過ごす場所ですから。打合せを重ねて、細かいところまでこだわりました。マントルピースは場所もとらず、それでいて部屋の中の美しいアクセントに」

浅水美鈴さん

新築のマンションに、お住まいの浅水さん。「サロンでは、シャンデリアやシーリングメダリオンの組み合わせ、空間とのバランスを学びながら、夢もいっそうふくらみました」バラモティーフの壁紙を使ったパウダールームの次は、リビングを、パリテイストにリフォーム中です。ソファから、カーテンに至るまで、すべてにお気に入りを集めました」お嬢様も大好きな、ピンクと白をふんだんにあしらったリビングの完成はまもなくです。

小川和子さん

「プリンセスハウスのことを紹介していた、テレビを見たのがきっかけです」とは、築20年ほどのマンションを全面的にリフォームなさった、小川さん。パリのホテルのような洗練された美しい空間は、サロンでも評判に。「家具をはじめカーテン、小物にいたるまでプリンセスハウスで」と、徹底されています。「作品集で拝見した細見さんのご自宅も見ることができました。ボリューム感や素材の質感などがわかり、役に立ちました」

臼井明美さん

雑誌でプリンセスハウスの記事をご覧になり、ご自身の好みにぴったりと、青山のショップを訪れたのがお付き合いの始まりだとか。昨年は、小学校に入学されたお子様のお部屋のコーディネートを。「男の子なんですが、インテリアに興味があって、自分で壁紙やカーテンを楽しみながら選んでいました。そして、あとはプロにおまかせ。好みを最大限に引き出してくれた部屋の完成に、息子も大喜びでした」

田中美香さん

プリンセスハウスの本を毎日のようにご覧になり、サロンにも熱心に通われた田中さん。ご実家でご家族と過ごされる空間と、お一人でお住まいの空間の両方をリフォームなさったとか。「打ち合せでは、私が求めているインテリアのイメージは甘くて優しいピンクで、大人の可愛らしさも表現したいということをきちんとお伝えしたくて、ノートに書き出しました。そのおかげで、すべてにおいて思いどおりの仕上りに」

石巻綾子さん

「実例を元に、サロンでは優雅な布づかいと美しい色使いで、部屋はこんなにも素敵になるということを学びました」とは、石巻さん。リフォームされたのは、小学生のお嬢様のお部屋。淡い色を可愛らしくあしらったお部屋は、お友達からも羨ましがられるそう。「全部の部屋をリフォームしたいと思ったほどの完成度でした。担当の北澤さんには、気になったことを電話やファックスで、細かく伝えていきました」

Profile

細見貴子
Takako Hosomi

株式会社プリンセスハウス代表、インテリアデザイナー。音大卒業後、専門学校にてインテリアと建築を学び資格を取得。1985年より積水ハウス、三井ホーム、住友不動産等と契約し、インテリアコーディネーターとして活動。また専門学校やホテルのカルチャークラブ等の講師も務める。1993年にプリンセスハウス青山店オープン後は、本業のインテリアデザインのかたわら、執筆活動、自己が主宰するセンスアップサロン講師、TV・雑誌出演等、幅広く活躍中。著書に「インテリアエレガンスブック」(トーソー出版)、「プリンセスハウスStyle」「プリンセスハウスStyle vol.2」(世界文化社)等がある。

プリンセスハウス・インテリアデザイナー

北澤光子
Mitsuko Kitazawa

熊谷達哉
Tatsuya Kumagai

益子真理
Mari Mashiko

おわりに

　この本をつくるにあたってご協力いただきましたすべての皆様に心より感謝を申し上げます。
　長期に及び撮影に快くご協力いただきました顧客の皆様はもちろん、撮影や編集で適切なアドバスをくださったトーソー出版の藤橋さん、私の抽象的な希望をすぐに理解して撮影してくださったカメラマンの大林さん、編集コーディネーターとしてご協力くださったライターの吉田さん、そして美しい本に仕上げてくださったデザイナーの岡さん、本当にありがとうございました。

2004年7月
細見貴子

プリンセスハウス東京青山店
サロン風の店内では、オーダーカーテンをはじめトータルコーディネートに関するご相談を中心に承っております。(ご相談は要予約)
〒150-0002　東京都渋谷区渋谷2-5-14ミュゼ表参道1F　Tel.03-5485-9563

プリンセスハウス　S
ご新築やリフォーム、模様替え等でご利用になる壁紙やモールディング、照明、水まわりの小物等のパーツを販売する高級DIYスタイルの新ショップです。
〒150-0002　東京都渋谷区渋谷2-3-7新星ビル1F　Tel.03-5485-9634

営業時間(共通)／10:00－18:00　定休日／日・祭日、第2・第4月曜日

for your elegant interior
インテリア センスアップ サロン
Interior Sense up Salon

2004年8月25日　初版第1刷発行

発行人／大槻保人
発行所／トーソー株式会社　トーソー出版
〒104-0033
東京都中央区新川1-4-9
Tel.03-3552-1001
http://www.toso.co.jp（オンラインブックショップ）

撮影／大林章二（サンクリーク ラボ）
デザイン／岡真由美
校正・ライター／吉田祐子
ヘアメイク／加藤聖子（ヴィルトゥ）
企画・編集／藤橋佳子

協力／
住友不動産株式会社　たまプラーザモデルハウス　0120-860073
三菱地所株式会社　大阪支店
参考文献／
色彩自由自在
　　末永蒼生著（晶文社）
カラーコーディネーターのための色彩科学入門
　　（財）日本色彩研究所編（日本色研事業）

印刷製本／　大日本印刷

©トーソー出版2004　禁無断転載

Printed in Japan

ISBN4-924618-55-1 C2052